PETIT CATALOGUE

DE

LIVRES CHOISIS AVEC LE PLUS GRAND SOIN

POUR LA

BIBLIOTHÈQUE D'UNE JEUNE FILLE CHRÉTIENNE

DÉDIÉ

Aux Persévérantes du Catéchisme de St-Louis-d'Antin

PAR M. L'ABBÉ A***

Piété, Instruction chrétienne, Éducation, Histoire,
Voyages, Littérature, Mélanges.

AU PROFIT D'UNE BONNE ŒUVRE.

PARIS. — 1850.

AVIS IMPORTANT.

1º Tous les livres dont la lecture peut être permise ou même conseillée à une jeune personne, ne sont point renfermés dans ce petit catalogue.

2º Un examen consciencieux et sévère a présidé au choix de ceux que nous avons indiqués.

3º Pour éviter toute méprise dans l'acquisition des ouvrages auxquels on a dû faire subir des suppressions ou des corrections, il faudra *nécessairement* que les livres portent le nom du libraire-éditeur désigné.

4º On a aussi indiqué les noms des libraires-éditeurs chez lesquels on trouve les meilleures éditions ou les plus complètes.

5º On peut s'adresser en toute confiance, pour se procurer tous ces livres, à M. Devarenne, libraire, Faubourg St-Honoré, nº 14, et à Mme Coulon, rue Caumartin, nº 44.

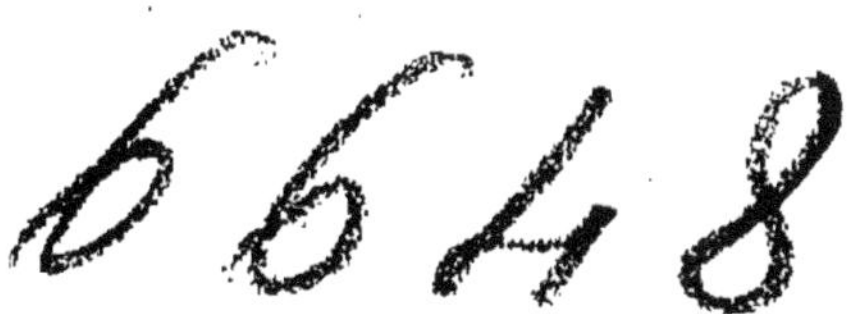

PETIT CATALOGUE

DE

LIVRES CHOISIS AVEC LE PLUS GRAND SOIN

POUR

La Bibliothèque d'une Jeune Fille Chrétienne.

PIÉTÉ, INSTRUCTION CHRÉTIENNE, ÉDUCATION.

Paroissien ou Eucologe.
> (Éditions approuvées par les Supérieurs Ecclésiastiques.)

Journée du Chrétien. Édition considérablement augmentée et mise dans un meilleur ordre que les précédentes, imprimée par ordre de Monseigneur l'archevêque de Paris.
> (Libraires associés pour les usages de Paris.)

Imitation de Jésus-Christ.

Vie de N.-S. J.-C., ou Concorde des quatre Évangélistes; traduction du texte sacré avec des Notes pour en faciliter l'intelligence; par M. l'abbé Arnault.
> (In-12. — Mame.)

Manuel des Personnes pieuses, ou Recueil de prières choisies, avant ou après la réception des Sacrements
> (In-32. — Poussielgue-Rusand.)

Recueil de Prières; par Madame de Fenoil.
> (In-18 ou in-32. — Périsse)

1850

Visites au Saint-Sacrement et à la Sainte Vierge, pour chaque jour du mois ; par Saint Liguori.

(In-32. — Tours, Mame.)

Visites au Saint-Sacrement et à la Sainte Vierge, pour demander la conversion des pécheurs ; par M. l'abbé Arnault.

(In-32. — Devarenne.)

Le Combat spirituel, augmenté de la Paix de l'âme et des pensées sur la mort, traduit de l'italien de Scupoli ; par Brignon.

(In-32. — Mame.)

Le Froment des Élus, ou Préparations et Actions de grâces pour la sainte Communion ; par Arvisenet.

(In-32. — Mame.)

Entretiens familiers sur l'Oraison mentale ; par un prêtre du diocèse de Reims.

(In-18. — Jacque Lecoffre.)

Manrèze, ou les Exercices spirituels de saint Ignace mis à la portée de tous les fidèles ; par un prêtre de la Compagnie de Jésus.

(In-12. — Poussielgue.)

L'Ame élevée à Dieu et l'Ame pénitente, par M. l'abbé Baudrand.

(In-12. — Poussielgue.)

L'Ame sur le Calvaire, par M. l'abbé Baudrand.

(In-12. — Poussielgue.)

L'Ame unie à J.-C. dans le Saint-Sacrement de l'Autel.

(2 vol. in-12. — Poussielgue.

Conduite pour le temps de l'Avent, par Avrillon.

(In-12. — Poussielgue.)

Conduite pour le Carême, par Avrillon.

(In-12. — Mame et Lefort.)

Conduite pour les fêtes et octaves de la Pentecôte, du Saint-Sacrement et de l'Assomption, par Avrillon.
(In-12. — Poussielgue.)

Méditations et sentiments sur la sainte Communion, par Avrillon.
(In-12. — Poussielgue.)

Souffrances de N.-S. Jésus-Christ, traduit du portugais, du P. Thomas de Jésus ; par le P. Alleaume.
(2 vol. in-12. — Lefort.)

Retraite spirituelle, du P. Bourdaloue.
(In-12. — Périsse.)

Le Consolateur des Affligés et des Malades, ou Recueil de méditations propres à élever l'âme au-dessus des chagrins et des souffrances de cette vie; par M. l'abbé Martin de Noirlieu.
(In-12. — Gaume.)

Élévations à Dieu, sur tous les mystères de la Religion ; par Bossuet.
(Mame et Lefort.)

Heures catholiques, Livre de Prières et de Méditations, à l'usage des Fidèles ; par le prince de Hohenlohe. Traduit de l'allemand.
(In-18. — Gaume.)

Méditations sur l'Évangile, par Bossuet.
(2 vol. in-12. — Lefort).

Dévotion au Sacré Cœur de Jésus, par Galifet.
(In-18. — Mequignon.)

Introduction à la Vie dévote, de saint François de Sales.
(Nouvelle édition à l'usage de la jeunesse.)
(In-18. — A. Leclerc et Comp.)

Vraie et solide piété de saint François de Sales, recueillie de ses lettres et de ses entretiens ; par Collot.
(In-12. — Mame et Lefort.)

Vraie et solide piété de Fénelon, recueillie de ses œuvres; par Monseigneur Dupanloup.

(4 vol. in-18. — Devarenne.)

Abrégé de la perfection chrétienne, de Rodriguez; par Tricalet.

(2 vol. 12. — Lecoffre.)

L'Art de rendre heureux tout ce qui nous entoure, par l'abbé Carron.

(in-32. — Mame.)

Caractère de la vraie dévotion, par Grou.

(In-32. — Poussielgue.)

L'Esprit de saint François de Sales. Nouvelle édition, mise dans un meilleur ordre que les précédentes; par un supérieur de séminaire.

(In-12. — Méquignon.)

Instruction sur le Chemin de la Croix. Édition revue par monseigneur de Belley.

(In-18. — Poussielgue.)

Petit traité sur les petites vertus; traduit de l'italien, de l'abbé comte de Roberti.

(In-32. — Poussielgue.)

Le Nouveau Mois de Marie, par monseigneur Le Tourneur, évêque de Verdun.

(In-32. — Goujon-Milon.)

Excellence et pratique de la dévotion à la sainte Vierge, par le P. Galifet.

(In-32. — Périsse.)

Traité de la paix intérieure, par le P. Lombez.

(In-18. — Périsse.)

Lettres spirituelles sur la paix intérieure, par le P. Lombez.

(In-18. — Périsse.)

Instructions pour éclairer les âmes pieuses dans leurs doutes et pour les rassurer dans leurs craintes. — **Instructions**

pour vivre chrétiennement dans le monde ; par le R. P.
Quadrupani. — Trad. de l'italien.

(2 vol. in-32. — Vaton.)

Doctrine chrétienne, par Lhomond.

(In-12. — Poussie'gue.)

Bienfaits du catholicisme dans la société, par M. l'abbé
Pinart.

(In-8. — Mame.)

L'Église catholique considérée comme l'image la plus par-
faite des perfections de Dieu, par M. l'abbé Arnault.
Dédié à la Jeunesse catholique.

(Sous presse. — Devarenne et Mad. Coulon.)

Des fêtes de l'Église, ouvrage où l'on développe l'esprit
des cérémonies de chaque fête.

(In-12. — Poussielgue.)

Catéchisme historique, par Fleury.

(In-12. — Mame.)

Explication abrégée des cérémonies de la messe, par le P.
Lebrun ; édition augmentée d'une notice de Bergier,
sur les heures canoniales, avec la prière du matin et du
soir, de la confession et de la communion. 39 gravures.

(2 vol. in-18. — A. Leclère.)

Traité de l'éducation des filles, par Fénelon.

(In-18. — Périsse.)

Le Livre de l'Enfance chrétienne, ou Instruction d'une mère
à ses enfants ; par madame la comtesse de Flavigny.

(In-32. — Mame.)

L'Amie des jeunes personnes, par mademoiselle Anaïs
Martin.

(In-12. — Devarenne.)

Anecdotes chrétiennes, par l'abbé Reyre.

(2 vol. in-12. — Périrse.)

Vie de Victorine de Galard Terraube.

(In-12. — Sagnier et Bray.)

Vie des Justes, dans les plus hauts rangs de la Société.

(In-12. — Poussielgue)

Vie de Marie Lecksinska, par l'abbé Proyart.

(In-12. — Méquignon.)

Vie de saint Louis de Gonzague et de saint Stanislas de Kostka.

(In-12. — Poussielgue.)

Vies des Saints pour tous les jours de l'année, avec une prière et des pratiques à la fin de chaque vie, et des in-struction sur les Fêtes mobiles; édition augmentée.

(In-12. — Mame.)

Vie de madame de Chantal, ou le Parfait modèle de la femme chrétienne ; par M. Malaurie.

(In-8. — Périsse.)

La Clergé de France, ou Modèles de vertus.

(In-12. — Mame.)

Vies des Dames françaises qui ont été les plus célèbres dans le xviiᵉ siècle , par leur piété et leur dévouement pour les pauvres , par l'abbé Carron.

(In-18. — Périsse.)

Élisa et Marcie, ou Vies de deux Enfants des catéchismes de Saint-Sulpice.

In-18. — Lecoffre.)

HISTOIRE, VOYAGES.

Histoire sainte suivie d'un abrégé de l'Histoire ecclésiastique jusqu'à la conversion de Clovis, par M. Victor Boreau; approuvée par monseigneur l'archevêque de Paris.

(2 vol. in-12. — Hivert.)

Histoire de la Religion avant Jésus-Christ, par L'Homond.

(In-18. — Mame.)

Histoire de l'Église, par Lhomond.

(In-18. — Mame.)

Cours complet d'histoire, par A. M. D. G.; belle édition avec cartes.

(4 vol. in-12. — Poussielgue.)

Cours complet d'histoire, par M. E. Lefranc.

(11 vol. in-12. — Lecoffre.)

Histoire ecclésiastique. A. M. D. G. avec cartes.

(2 vol. in-18. — Poussielgue.)

Chronologie historique des Papes, des conciles généraux, des conciles des Gaules et de France; par M. Louis de Maslatrie.

(In-8. — Gaume.)

Abrégé de l'Histoire de l'Église gallicane; par l'abbé Faucillon Duparc.

(In-12. — Poussielgue.)

Histoire du Bas-Empire et de l'empire Ottoman, ouvrage dédié à M. l'archevêque de Paris. A. M. S. S. C. C. G.

(2 vol. in-18. — Poussielgue.)

Histoire de France, depuis les origines gauloises jusqu'à nos jours, par M. Amédée Gabourd.— Troisième édition revue et considérablement augmentée.

(3 vol. 12. — Lecoffre.)

Histoire de France, par M. Mennechet.

(4 vol. grand in-12. — Langlois.)

Clovis et son époque.

(In-12. — Mame.)

Charlemagne et son siècle.

(In-12. — Mame.)

Histoire de saint Louis.

(In-12. — Mame.)

Histoire abrégée des Croisades; par Valentin.

(In-12. — Mame.)

Histoire des chevaliers de Malte; par l'abbé Vertot. (*Edit. corrigée.*)

(In-12. — Mame.)

Histoire de Jeanne d'Arc; par Roy.

(In-12. — Mame.)

Jeanne d'Arc d'après les chroniques contemporaines; par Guido Gœrres; traduit de l'allemand par M. Léon Boré.

(In-12. — Lecoffre.)

Histoire de Louis XI.

(In-12. — Mame.)

Histoire de la ligue formée contre Charles le Téméraire, duc de **Bourgogne**; par M. le baron Marie Théodore de Bussières.

(1 fort vol. in-8.   Lecoffre.)

Les ducs de Bourgogne, histoire des xɪvᵉ et xvᵉ siècles; par F. Valentin.

(In-12.   Mame.)

Histoire de Charles VIII, roi de France.

(In-12.   Mame.)

François Iᵉʳ et la Renaissance; par M. de la Gournerie.

(In-8.   Mame)

Histoire de Charles-Quint.

(In-12. — Mame.)

Histoire de Louis XIV; par Amédée Gabourd.

(In-12. — Mame.)

Histoire de Bossuet, d'après M. de Beausset; par M. Roy.

(In-12. — Mame.

Histoire de Fénelon, d'après M. de Beausset, par M. Roy.

(In-12. — Mame.)

Journées mémorables de la Révolution francaise, depuis **1787** jusqu'en **1804**, par M. le vicomte Walsh.

(5 vol. in-8. — Poussielgue.)

Histoire de Napoléon, par Amédée Gabourd.

(In-8. — Mame)

Les Grands Hommes de la France, par T. Muret.

(2 vol. in-8. — Lecoffre.)

Histoire de Paris, depuis son origine jusqu'à nos jours; par Th. Muret.

(In-12. Lecoffre.)

Panorama de la Corse, ou Histoire abrégée de cette île,

et description des mœurs et des usages de ses habitants;
par **M.** l'abbé de Lemps.

(In-18. — Lecoffre.)

Histoire d'Espagne, par le comte Victor de Hamel.

(In-12. — Mame.)

Histoire de Pologne.

(In-12. — Mame.)

Histoire de Stanislas Ier, par l'abbé Proyart.

(2 vol. in-12. — Méquignon.)

Pierre-le-Grand, par M. Dubois.

(In-12. — Mame.)

Les Chinois, pendant une période de 4,458 ans ; par M, de
Chavannes de la Giraudière.

(In-8. — Mame.)

Histoire du Christianisme au Japon ; par le R. P. Char-
levoix.

(2 vol. vol. in-8. — Lecoffre.)

Abrégé du même ouvrage.

(In-12. — Lecoffre.)

Histoire et description du Japon.

(In-12. — Mame.)

Histoire d'Italie, par M. Mazas de Sarrion , avec cartes et
grand tableau synoptique.

(2 vol. in-18. — Poussielgue.)

Histoire d'Angleterre, d'Écosse et d'Irlande, avec cartes.

(2 vol. in-18. — Poussielgue.)

L'Irlande, son Histoire.

(In-8. — Mame.)

Histoire de la Suisse.

(In-12. — Mame.)

Les Pélerinages de Suisse, par Louis Veuillot.

(In-8. — Mame.)

Rome et Lorette, par Louis Veuillot.

(In-8. — Mame.)

Histoire de Venise ; par Valentin.

(In-12. — Mame.)

Aventures et Conquêtes de Fernand Cortez au Mexique.

(In-12. — Mame.)

Conquête du Pérou et Histoire de Pizarre.

(In-12. — Mame.)

Abrégé de l'Histoire générale des Voyages, par La Harpe.
(avec *suppressions et corrections.*)

(30 vol. in-12 avec cartes. — Poussielgue.)

Cette édition est corrigée avec soin et augmentée d'un extrait des voyages les plus récents. Chaque voyage se vend séparément.

Abrégé de tous les Voyages autour du Monde (1517-1832).

(In-12. — Mame.)

Voyages au pôle nord (1830-1833).

(In-12. — Mame.)

Voyages dans l'Asie méridionale.

(In-12. — Mame.)

Voyages en Abyssinie et en Nubie.

(In-12. — Mame.)

Voyages en Perse ; par E. Garnier.

(In-12. — Mame)

Voyages et découvertes dans l'Afrique.

(In-12. — Mame.)

Voyages de Christophe Colomb.

(In-12. — Mame.)

Voyages des compagnons de Colomb.

(In-12. — Mame.

Voyages et Aventures de Lapeyrouse.

(In-12. — Mame).

Voyages en Sicile et à Malte.

(In-12. — Mame)

Voyages du capitaine Cook.

(In-12. — Mame.)

Voyages de la Trappe à Rome ; par le R. P. de Géramb.

(1 vol. in-8. — A. Leclère.)

Pélerinage à Jérusalem et au mont Sinaï, par le R. P. de Géramb.

(3 vol. in-12. — A. Leclère.)

Mission d'Amérique et d'Océanie.

(In-12. — Périsse.)

Missions du Levant, d'Asie et de la Chine.

(In-12. — Périsse)

La Grande Chartreuse, le mont Blanc et l'hospice du grand Saint-Bernard, voyage en Dauphiné, en Savoie et Suisse ; par L. D. Audiffret.

(In-12. — Waille.)

Mes Vacances en Italie, par M. l'abbé Ch. Moreau, curé de Saint-Médard, à Paris.

(In-12. — Sagnier et Bray.)

LITTÉRATURE, MÉLANGES.

Dictionnaire classique de la langue française. — In-18 de 938 pages, à l'usage des maisons d'éducation, etc., par A. M. D. G.

(Poussielgue.)

Cours de Littérature et de Belles-Lettres ; par M. A. d'Angely.

(In-18. — Poussielgue.)

Fleurs de l'Éloquence, ou Recueil en prose des plus beaux morceaux de la littérature française, avec une notice sur chaque auteur ; par M. l'abbé Renaud.

(In-8. — Mame.)

Fleurs de la poésie française, etc., avec une notice sur chaque poète ; par M. l'abbé Rabion.

(In-8. — Mame.)

Fables choisies de La Fontaine (*Édition à l'usage de la jeunesse.*)

(In-18. — Poussielgue.)

Fables choisies de Florian (*à l'usage de la jeunesse*), édition augmentée du poème de Tobie et de Ruth.

(In-18. — Périssse.)

Aventures de Télémaque, par Fénelon. (*Édition corrigée.*)

(In-12. — Poussielgue.)

Bossuet de la Jeunesse, ou Morceaux extraits des principaux ouvrages de Bossuet; par M. Saucié, professeur de rhétorique.

(In-8. — Mame.)

Discours sur l'Histoire universelle, de Bossuet.

(2 vol. in-12. — Poussielgue.)

Chefs-d'Œuvre oratoires de Massillon.

(In-12. — Lefèvre.)

Chefs-d'Œuvre oratoires de Bossuet.

(In-8. — Lefèvre.)

Chefs-d'Œuvre oratoires de Fénelon.

(In-8. — Lefèvre.)

Recueil des Oraisons funèbres de Bossuet et de Fléchier.

(In-12. — Périsse.)

Œuvres choisies de Buffon (*à l'usage de la jeunesse*).

(In-8. — Mame.)

Œuvres de Boileau (*à l'usage de la jeunesse, édit. corrigée*).

(In-18. — Poussielgue.)

Œuvres choisies de J.-B. Rousseau, suivies des meilleures odes de Malherbe, Lefranc, L. Racine, Malfilâtre. (*Édition corrigée*).

(In-18. — Poussielgue.)

Œuvres choisies de Pierre Corneille, avec une biographie et des notes; par M. Saucié.

(In-8. — Mame.)

Œuvres choisies de Racine, avec la vie de l'auteur; publié par M. Saucié.

(In-8. — Mame.)

Choix de Lettres de Madame de Sévigné, spécialement destiné aux pensionnats de demoiselles, par M. l'abbé Allemand.

(In-8. — Mame.)

La Religion, poème de Racine fils, avec les tragédies d'Esther et d'Athalie.

(In-18. — Poussielgue.)

La Henriade. (*Edition corrigée à l'usage de la jeunesse.*)

(In-12. — Poussielgue.)

Le Génie du Christianisme; par Chateaubriand. — (*Édition à l'usage de la jeunesse.*)

(2 vol. in-12. — Poussielgue.)

Les Poètes anglais, ou Cours de littérature contenant les plus beaux morceaux de la poésie anglaise, etc., etc.; par M. Cruice.

(In-12. — Lecoffre.)

Le Narrateur anglais, ou Séries d'anecdotes tirées des meilleurs auteurs, formant un cours de versions et de lectures, etc.; par M. Cruice.

(In-12. — Lecoffre.)

Tableau de la Littérature allemande; par madame Amable Tastu.

(In-8. — Mame.)

Tableau de la littérature italienne; par madame Amable Tastu.

(In-8. — Mame.)

Œuvres choisies de Sylvio Pellico (*à l'usage de la jeunesse*); par M. Woillez.

(In-8. — Mame.)

Tableau de la Création, par Jehan.

(2 vol. in-8. — Mame.)

Élements de physique, avec un grand nombre de planches; par M. l'abbé Henri Gras.

(In-8. — Lecoffre.)

Entretiens sur la chimie et sur ses applications les plus curieuses; par M. Ducoin-Girardin.

(In-8. — Mame.)

Archéologie chrétienne, ou Précis des monuments religieux du moyen âge ; par M. l'abbé Bourassé.

(In-8. — Mâme.)

Tableau poétique des fêtes chrétiennes ; par M. le vicomte Walsh.

(In-18. — Hivert.)

Lucia Mondella, nouvelle italienne, tirée des Fiancés de Manzoni ; par l'abbé D.

(In-12.—Gaume.)

Thomas Morus ; par madame la princesse de Craon.

(2 vol. in-12.—Gaume.)

L'Orpheline de Moscou, ou la Jeune Institutrice ; par madame Woillez.

(In-12. — Mame.)

Auguste et Thérèse, ou le Retour à la Foi ; par madame Tarbé des Sablons.

(In-12. — Mame.)

Le Frère et la Sœur, ou les Leçons de l'adversité ; par madame Woillez.

(In-12.— Mame.)

Léontine et Marie, ou les deux Educations ; par madame Woillez.

(In-12. — Mame.)

L'Ami des jeunes Filles, Journal des loisirs utiles, paraissant tous les mois ; dirigé par madame Drohojowski, née Symon de Latreiche.

(Rue Saint-Antoine, 72, ou maison de Commission générale, rue du Helder, 14.)

PARIS,
IMPRIMERIE BÉNARD ET COMP.
rue Damiette, 2.

www.ingramcontent.com/pod-product-compliance
Ingram Content Group UK Ltd.
Pitfield, Milton Keynes, MK11 3LW, UK
UKHW021049120726
13693UKWH00006B/2515